지난 줄거리

땅의 신 가이아에게 능력을 받은 대신 몸을 빌려주게 된 바우는
〈시간의 신전〉에 맞설 연합군을 조직하러 〈다크 보텀〉으로 향하고, 〈여신의 거울〉에 간
핑크빈은 진짜 주인의 부활을 위해 아카이럼에게 가짜 뢴느 역할을 계속할 것을 명령한다.
핑크빈에게 언데드화 공격을 당한 걸 알게 된 아루루는 인형족과의 연합을 거절하고,
델리키는 도망갔던 라케니스가 돌아오자 가짜 세계수의 부활에 대한 믿음을 굳히며
기뻐한다. 한편, 바우의 할머니 엘프 여왕은 깨어난 메르세데스의 공격을 받아 쓰러지고,
가이아 역시 봉인에서 풀려난 데몬슬레이어의 폭주에 깜짝 놀라는데…!

1판 1쇄 인쇄 2011년 12월 10일 | **1판 1쇄 발행** 2011년 12월 20일 | **글** 동암 송도수 | **그림** 서정은 | **발행인** 유승삼 | **편집인** 이광표 | **편집팀장** 최원영 | **편집** 이은정, 방유진, 배선임, 이희진, 박수정, 박주현, 오혜환 | **표지 및 본문 디자인** 최한나, design86 | **마케팅 담당** 홍성현 | **제작 담당** 이수행, 김석성 | **발행처** 서울문화사 | **등록일** 1988. 2. 16. | **등록번호** 제2-484 | **주소** 140-737 서울특별시 용산구 한강로 2가 2-35 | **전화** 791-0754(판매) 799-9171(편집) | **팩스** 749-4079(판매) 799-9334(편집) | **출력** 지에스테크 | **인쇄처** 서울교육 | **ISBN** 978-89-532-9437-0(세트) 978-89-263-9149-5

캐릭터 소개

도도
〈시간의 신전〉에 점령당한 메이플월드를 구하기 위해 최선을 다하는 정의롭고 용감한 소년.

바우
넓고 한적한 머릿속에는 온통 먹을 것 생각뿐이지만 어떤 위험도 두려워하지 않는 배짱 두둑한 열혈 소녀.

아루루
〈싱크로아이〉와 〈소울 슬레이어〉로 막강한 전투력을 지녔지만 핑크빈의 계략으로 인해 위기에 처한 파이터.

델리키
얼음 같은 기운에 중독되어 차가운 마음을 지니게 되었지만 마음속 깊이 자리한 착한 본성은 숨기지 못하는 마법사.

델리코
엉뚱하지만 발랄한 바우를 좋아하며 장래 희망이 드래곤 마스터인 델리키의 동생.

카이린
〈시간의 신전〉에 의해 감정을 잃게 된, 자유자재로 영혼철을 다루는 건 파이터.

주카
감정을 봉인당한 친구들 때문에 안타까워하면서도 용기를 잃지 않는 와일드카고 족의 공주

슈미
가짜 세계수의 공격으로 지혜의 눈이 파괴되었지만 친구들을 사랑하는 마음과 따뜻한 성격만은 그대로인 세계수의 딸.

차례

Quest 240

이독제독 (以毒制毒)

*이독제독 : 독을 없애는 데 다른 독을 씀.

생일 케이크를 보면
엄청 기뻐하겠지?

내 동생을 해친 자가
검은 마법사, 당신입니까?!

캐릭터 PLUS 숙희 땅의 신 가이아의 도움으로 성장하게 된,
멸종 위기에 처한 오시리안 허스키 종의 드래곤.

아니, 절대 그럴 리 없어. 죽고 죽여야 하는 이 세계를 떠나겠다고 했을 때 내 동생을 해치겠다고 했지만…

그건 단순한 *엄포였을 거예요. 당신 같은 위대한 마법사가 어떻게 어린애를…!!

배신의 끝은 파멸! 어린애 또한 예외가 아니다.

엄포 : 괜한 말로 남을 겁주거나 꾸짖는 일.

송맛사

데몬슬레이어, 네가 인상 쓰며 아무리 엄포를 놓아도 나한텐 안 통해! 안 통하겠지. 그렇게 작은 눈으로 내 얼굴을 볼 수나 있겠나?!

용서할 수 없어!!

그 앤 케이크를 좋아하는
어린애였다고!!

캐릭터 PLUS **라케니스** 도망갈 기회를 노리다가도 자기도 모르게 델리키의 걱정을 하는,
그 속을 알 수도, 믿을 수도 없는 철면피 사기꾼 마법 소녀.

 아주아주 재미있는 책! 그리고 나에게 우정이 무엇인지 알려 준 책!
(조유민 | 서울시 노원구 상계 3동)

 *9

한 번만 더
기회가 주어지길
얼마나 바랐는지
모른다….

그랬는데 마침내
기회가 온 거야.

원한 맺힌 데몬슬레이어의
복수가 이제 시작되리라!!

캐릭터 PLUS **뚱스턴** 너구리인지 여우인지 헷갈리는 외모를 갖고 있지만
델리키에게 큰 힘이 되고 있는 최고 레벨의 매직 펫.

쳇, *번지수 잘못 짚었거든?
우린 네 원수가 아니야.

허튼소리 하지 마!
내가 봉인된 곳을 아는
자는 하늘 아래 오직
검은 마법사와
세계수뿐이라고!

*번지수를 잘못 짚다 : 생각을 잘못 짚어 엉뚱한 방향으로 나가다.

세계수?

검은 마법사가 날 봉인시킨
원수라면…, 세계수는 지옥
같은 봉인의 세월 동안
내 힘을 빼앗아간 원수!
세계수는 매일 밤
내 앞에 나타나…

안녕~, 나 세계수야~!
오호홍~.

 우리 가족 모두가 함께 보는 〈코메〉! 〈코믹 메이플스토리〉를
무한 권까지 만들어 주세요. (강윤우 | 서울시 동작구 사당2동)

흡혈귀처럼
날 괴롭혔지!

말도 안 돼! 우리
엄마는 그런 짓 안 해!

엄마라고? 그럼
네가 세계수의 딸?

데쓰 드로우-!!

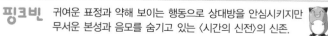 캐릭터 PLUS 핑크빈 귀여운 표정과 약해 보이는 행동으로 상대방을 안심시키지만
무서운 본성과 음모를 숨기고 있는 〈시간의 신전〉의 신존.

베놈-!

슈미야!

정신 차리시오,
데몬슬레이어!

베놈 흡수-!!

저, 저게
가이아…?!

더 이상은… *형체를
유지할 힘이 없어…

*형체 : 겉으로 보이는 생김새. 또는 바탕이 되는 몸체.

애들아, 난 아무래도…
돌아가야 할 것 같구나.

안 돼요!
가이아 님이 아니면 누가
우리를 이끄냐고요!

그, 그럼
내 간식은…?

미안하다….
뒷일을 부탁….

각오해라, 미친 박쥐!

뭐지…?
베놈이 해독됐다 해도
기운을 차리려면
시간이 걸릴 텐데….

저 녀석은
왜 저렇게 회복이
빠른 거야?

코메짱

〈코메〉가 영원히 끝나지 않고 계속 이야기가 지속됐으면 좋겠어요.
(이아희 | 전라남도 고흥군 백양리)

*17

어…, 엄청난 파워다!

웃음 바이러스의 1인자인 《코믹 메이플스토리》를 사랑합니다~.
송도수, 서정은 작가님 팟팅! (류의현 | 서울시 노원구 중계2동)

둘 다 그만둬!

슈미야!

건방지게 누구한테
명령이야?!

모…, 몸이
움직이질 않아!

지혜의 눈이 되살아났어!
슈미가 돌아왔나 봐!

한!

어떻게 된 거지? 대체 무슨 마법을 부린 거야…?!

마법이 아닙니다, 데몬슬레이어 님. 우주를 움직이는 지혜의 힘이지요.

헉! 내 생각을 읽었어!!

누군가 우리 엄마로 *위장해 데몬슬레이어 님을 괴롭힌 것 같아요.

내가 성급했던 것 같군. 사과하마.

쳇, 말만 하지 말고, 사과를 달란 말이야~.

슈미야, 어떻게 된 거야? 지혜의 눈이 살아난 거 맞아?

맞아. 내 생각엔…,

위장하다 : 본래의 모습이나 생각이 드러나지 않게 꾸미거나 숨기다.
 우리 집 세탁기는 아무래도 세탁기로 **위장한** 몬스터 같아.
탈수할 때마다 덜덜거리며 세탁실에서 뛰쳐나오려고 해. 흑, 무서워!

지혜의 눈을 오염시킨
가짜 세계수의
저주가…

데몬슬레이어 님의
맹독성 베놈에 *중화되어
사라져 버린 것 같아.

*중화 : 성질이 다른 것이 섞여서 본래 성질을 잃거나 중간 성질을 띠게 되는 것.

그러니까 이독제독(以毒制毒),
즉 독으로 독을 물리쳤다는
말이군요!

잘됐어….

코메짱 〈코메〉는 '안 보면 후회한다' 는 말을 늘 실감 나게 해주는
아주 소중한 책이에요. (황인경 | 대전광역시 유성구 어은동)

근데 너 말이야,
원수가 누구길래 그 난리를
친 거야?

검은 마법사와
그 *졸개들,
그리고 〈블랙윙〉!

가이아 님도 블랙윙
얘기를 하셨는데….
도대체 그게 뭐야?

핫윙의
신제품이
아닐까~?

*졸개 : 남의 부하나 앞잡이 노릇을 하는 사람을 낮추어 이르는 말.

슈미야, 왜 그래?

좀 피곤해서….

오랜만에 지혜의 눈이
열려서 그런가 봐.
쉬면 나아지겠지.

그러고 보니 나도 피곤이
쫘~악 몰려오네….

24

이제 내 베놈의 위력을 알겠지? 아마 *한나절은 *비실거려야 할걸?

그래, 너 잘났다!

몰라 몰라. 일단 좀 쉬자. 쟤 얘기도 좀 듣고….

*한나절 : 하룻낮의 반, 6시간

베놈 덕분에 지혜의 눈은 회복되었지만…, 내 몸은 심각한 부상을 입었어. 가이아 님도 내 몸속의 독까진 흡수하지 못하신 거야….

수미야, 정말 괜찮은 거야?

그럼~, 좀 쉬면 돼.

송맛사

비실거리다 : 힘없이 느리게 비틀거리다.

델리코, 왜 이렇게 비실거려?

누나가 내 밥 다 빼앗아 먹어서 힘이 없다고요!!

*25

하던 얘기나 계속해 봐.
검은 마법사는 누구고,
블랙윙은 또 뭔지….

그보다….

궁금해서 도저히
못 견디겠군.

뭐가?

세계수인 척
나를 괴롭혔던
자의 정체 말이야!

데몬슬레이어의 봉인이 풀리다니…, 큰일 났어!

이게 다 바로크 님 때문이에요!

에너지 빨아먹는다고 봉인에 균열을 만든 바람에 이렇게 된 거잖아요! 어쩔 거예요, 이제!!

야, 안경토끼! 그럴 수밖에 없었던 거 몰라서 그래?

알긴 알지만….

바로크 님, 아무래도 세계수의 딸이 우릴 눈치챈 것 같아요!!

뭐야? 그럼 어서 도망가야지!!

 메이플 친구들이 모두 원래 상태로 되돌아오면 좋겠어요. 작가님~, 제발 부탁해요. (장민규 | 인천광역시 남구 숭의4동)

27

도대체 어디로요!!
봉인 공간이라 모두
막혀 있잖아요!

저기야!
저 애들이
들어온 구멍!

그쪽으로
갔다간 들킬
텐데….

걱정 마~! 난 변신술사
바로크라고~!

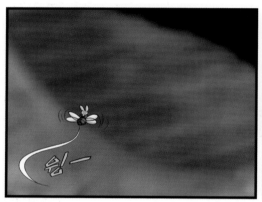

끄악!

슈미야…,
너 왜 그래…?

파리가
있길래….

슈미, 네 손에
피가!!

파리가 아니라
모기였나 보네~.
얼른 손 닦아.

응? 응….

후유~.
하마터면 죽을
뻔했잖아요~.

어쨌든 탈출했으니까
됐잖아!

어? 저건
또 뭐야?

조금만 참아.
카이린이 버섯 따오면
먹고 기운 좀 차린
다음에 풀어줄게.

읍-! 읍-!

바, 바, 바, 바로크 님~!

왜 그래?

제 두 귀가 뇌파를 포착하는 안테나로써, 사람의 속마음을 읽어낼 수 있다는 거 아시죠?

그래서 뭐?

저기 붕대 감은 소녀 말인데요….

소곤 소곤

그게 정말이야?!

쿠궁

아루루 너…, 감히 와일드카고 족의 왕녀를 이렇게 짐짝 *취급하다니…. 이것만 풀리면 넌 죽음이야!

취급하다 : 사람을 어떤 태도로 대하다.

더 이상 못 참겠어. 다들 왜 나를 짐승 취급하는 거야?!

너 짐승이잖아, 구미호!

아, 그렇지! 깜빡했다.

와일드카고 족의 왕녀라면…!!

맞아요. 이 세상 어떤 봉인이라도 풀 수 있는 뿔을 지니고 있죠!!

대박이다~! 저 뿔은 이제 우리 거야. 남의 손에 들어가선 안 돼.

당연하죠.

특히, 우리 블랙윙과 라이벌 관계인 아카이럼이나 핑크빈 손에 들어가서는….

절대 안 되죠! 그자들이 검은 마법사 님의 봉인을 푸는 공을 세우게 할 수는 없다고요!!

작전 개시!

천하제일 사기단 〈바로크와 안경토끼〉 콤비의 예술적 사기 솜씨를 보여 주자고요!

쟤 눈이 왜 저래?

싱크로아이라는데요? 근데 그게 뭔지는….

너무 피곤해서 그런지 싱크로아이도 잘 안 되네.

저는 아루루라고 합니다. 저한테 무슨 *용건이라도…?

무사히 속여 넘긴 것 같네요.

당연하지! 내 변신술은 완벽하니까~.

특별한 용건은 없습니다. 저는 정의를 수호하는 참된 기사가 되기 위해~, 떠돌며 수련하는 중이지요.

용건 : 할 일. 볼일.
송맛사 🔺 **용건**이 뭐야? 빨리 말해. 🔺 카이린, 정말 냉정하구나.
🔺 지금 똥 눈다니까! 화장실 문 좀 그만 두드리고 어서 **용건**을 말해!!

오 마이 갓~!
어떻게 숙녀한테
이런 짓을~!!

풀어주세요,
남작님!

아, 그럴 만한 사정이….

그 어떠한 사정도
용납 못 합니다.
이건 *야만입니다!

*야만 : 하는 짓이 예의 없이 막된 것.

으…, 곤란하게
됐네…

감사해요,
남작님!

위험에 처한 숙녀를
구해 드리는 건~
기사로서 당연한
도리죠!

좋아~, 이걸로
반은 넘어왔어!

로비, 너도 어서
남작님께 인사드려.

재 좀 혼내 주세요!
아주 못된 악당이에요!

주, 주카….

그 부탁, 기꺼이
들어 드리죠.

저 꼬맹이를
없애 버린 다음,
왕녀를 손에
넣는 거야!

정의의 칼날 앞에 악은
그 설 자리를 잃나니…!!

난 지금
싸울 힘이
없는데….

상처는 내지 말고~
크게 혼만 내주세요.

뭔 소리야?
당연히 없애
버려야지.

각오해랏!

각오는 네가 해야 할걸?

헉, 매력이
폭풍처럼 몰아치는
이 소녀는 누구지…?
딱 내 이상형이야!

카이린, 총 치워! 이분은
기사단장 듀나미스 남작님이셔.
날 괴롭힌 아루루를 혼내
주시려는 거라고!

기사단장 좋아하네~!
사람은 속여도 영혼철은 못 속여.
이 총이 속삭이고 있어.
이 자는 악당이 분명하다…!!

코메짱
저는 〈코메〉를 한 권 한 권 모으고 있는 상큼하고 사랑스런 독자랍니다.
앞으로도 더욱 더 재미있는 〈코메〉를 기대할게요. (배소정 | 경기도 이천시 증포동)

안경토끼, 너 뭐 하냐?

영혼철인지 뭔지가 방해해서 뇌파 분석에 시간이 좀….

그래서! 나 죽은 다음에 분석 끝낼래?

저승에 가면 우리 아빠를 피하도록 해! 나만큼 악당을 싫어하시니깐…!!

테…, 테스토넨-!!

Quest
241

봉인의 열쇠

테스토넨 님의 딸 맞죠? 무척 닮았네요. 전 그분을 잘 안답니다.

후유~, 다행이다. 아빠를 아는 사람이니 쉽게 공격하지 못할 거야!

그래서 뭐?

제, 제가 그대의 아버지를 잘 안다니깐요….

악당들은 대부분 우리 아빠를 잘 알아.

전 〈코메〉를 오래 기다렸다가 순식간에 다 보는 게 아쉬워요.
이미 나의 책장 한 칸을 독차지해 버린 〈코메〉 당신은~ 욕심쟁이, 우후훗!
(이유진 | 대전광역시 유성구 노은동)

*41

방금 뭐라고 했지?

잘 알 텐데요.
그대가 테스토넨 님께
입버릇처럼 했던
말이니까….

〈코믹 메이플스토리〉 책은 너무 너무 재미있어요. 작가님들~, 감사합니다.
앞으로도 계속 〈코믹 메이플스토리〉를 볼 거예요. (차영현 | 경기도 안산시 부곡동)

"아빠, 건강하게 카이린이랑 오래오래 살아야 해."라고 말하면 테스토넨 님은 이렇게 대답하셨다더군요. "그래, 아빠 술 끊으마. 카이린이랑 함께 오래오래 살아야지."

카이린 너,
눈물이…!

왜 이러지?
갑자기 마음이
따뜻해지는
기분이 들어….

*십년감수하다 : 수명이 십 년이나 줄 정도로 위험한 고비를 겪다.

후유~,
*십년감수했네….

저는 오줌도
쪼끔~ 지린
것 같아요.

저희 아빠를
아시나요?

아는 정도가
아니죠~.

해적사관학교 시절, 저를 친아들처럼 아껴 주신 교관님이 바로 테스토넨 님이셨으니까요.

아빠가 사관학교에 근무하셨다는 말은 처음 듣는데….

그럴 겁니다. 특수요원들만 뽑아서 비밀리에 훈련시키는 프로젝트였으니까요.

아, 그래서 제가 몰랐군요.

역시 바로크 님은 거짓말의 아티스트세요~!!

아, 저한테 따님 자랑을 하시던 그 시절이 그립네요~!

한번은 이런 말씀도 하셨어요. 듀나미스 군, 만약 내게 불행한 일이 생기면 자네가 내 딸 카이린을 보호해 주게.

그 애가 외로워 눈물지을 때, 자네의 넓은 가슴을 빌려 주어야 하네….

바로 지금 빌려 드리죠.

우리의 목표는 얘가 아니라, 주카… 쟤예요!!

시끄럿!

*긴가민가하다 : 그런지 그렇지 않은지 분명하지 않다.

아루루, 이런 *실례를…!!

사기꾼한텐 실례 좀 해도 돼! *긴가민가했는데, 너한테 하는 짓을 보니 알겠다.

이 녀석은 사기꾼이야. 싱크로아이로 녀석의 정체를…!

송맛사

실례 : 예의에 어긋나는 것.
감히 나 아카이럼을 앉아서 맞이하다니, 이건 **실례**야.
나 일어선 거야. 내 키가 원래 이래.

*47

피곤해서가 아니었어….
핑크빈의 언데드화 공격
이후, 싱크로아이의
기능이 점점
약해진 거야….

이젠 통증 때문에
아예 사용조차
못 하겠어.

이 소년은 매너 없이
대체 왜 이러는
겁니까?

죄, 죄송해요.

그래. 영혼철!
카이린, 네 권총을
저자에게 겨눠 봐.

이젠 내 말을 믿겠지? 이자는 사기꾼이….

그런 게 아닙니다! 제가 모두 설명해 드리겠습니다!

역시 뭔가 사정이…!!

실은… 흑마법사와 전투 중 악의 기운에 오염되고 말았습니다. 별의별 노력을 다해 봤지만 해독이 안 되네요.

아, 그래서 영혼철이 오해를….

흑마법사와 전투라니, 정말 정의롭고 용감한 분이시군요!

정신들 좀 차려! 거짓말일 게 뻔하잖아!!

아루루….

너 정말 왜 그렇게 꼬였니?

어떠냐, 내 사기 실력이! 예술이지?

카이린한테 잘 보일 생각 말고, 주카한테 집중하라고요~!

아루루 널 보니까 확실히 알겠어. 우린 정상이 아니었어. 어떻게 슈미를 납치한다는 생각을….

 코메짱 다른 책 살 땐 돈이 아까운데, 〈코메〉 살 땐 아깝지 않고, 오히려 돈이 더 생기는 거 같아요!! (박찬민 | 강원도 태백시 상장동)

그래야 내가 사니까!
난 살아야겠어!

그래도
넌 살지 못해!

애들아…!

좋아, 갈 사람은 모두 가버려! 나 혼자서도 충분하니까!

날 데려가더라도 핑크빈은 널 풀어주지 않을 거야. 기다리는 건 비참한 최후뿐….

슈미가 달라졌어!

지혜의 눈이 살아났거든~!

네 설교 따윈 필요 없어! 넌 나와 함께 〈시간의 신전〉으로 가면 돼!

너 정말…!!

네가 이해해. 아루루는 지금 정상이 아니야.

설교가 아니라 *간청하는 거야. 우린 널 구하고 싶어! 그러기 위해선 우리와 함께 핑크빈에 맞서야 해!

간청하다 : 어떤 일을 애타게 부탁하다.

송맛사 송도수 선생님, 간청합니다.
뭘? 음…, 까먹었어요.

닥쳐!!
집어치우라고!

이러다가 우리끼리
싸우겠어…!

잠깐!!

땅의 신이 떠날 때
내게 *귀띔해
준 게 있어!

*귀띔하다 : 상대편이 눈치로 알아차릴 수 있도록 미리 슬그머니 일깨워 주다.

비록 자기는 떠나지만,
작은 신통력 정도는
언제든 빌려쓸 수 있게
해준다고….

헛소리 마! 금강펀치….

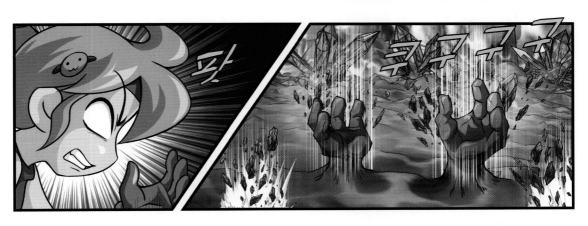

저, 저건··· 생명엔
*지장 없지만,
기분은 더럽게
나쁘다는 악마의
스킬! Tong chim!

*지장 : 어떤 일에 방해가 되는 문제.

친구, 친구를
택하겠다!

아루루, 우릴 선택해
줘서 고마워~.

우리한테도 저 스킬을 쓰면 어쩌지? *대처 방안을 생각해 봐야겠어.

슈미야, 너 이제 완전히 회복된 거야?

응, 그리고 네가 무슨 말을 하려는 건지 알아.

암리타 때문이지? 걱정 마. 이미 나한테 와 있어.

내가 그것 땜에 얼마나 고생했는지 몰라. 근데 어떻게 알았어?

지혜의 눈이 다시 열리자, 암리타가 내게로 왔어. 그래서인지 안 보이던 것들이 보이기 시작해.

잘됐다~.

암리타는 지금 어디 있는데?

주카 몸에 있던 곳과 같은 곳에~!

주카 넌 알지?

응!

둘이 뭔~ 소리야?

 송맛사 대처 : 어렵거나 중요한 일을 해결하기에 알맞은 행동을 하는 것.
이 위기에 어떻게 대처해야 할지…, 짐의 마음이 무겁구나. 가장 먼저 냄새부터 해결해야겠다. 스컹크, 멀리 떨어지거라!

*57

근데 저분은
누구세요?

얘들아, 인사해.
우리 아빠의 제자이신
기사단장 듀나미스
남작님이셔.

처음 뵙겠습니다.

남작 좋아하네~!
네가 남작이면
난 용가리다!

숙희야, 손님께
무례하게 굴면
안 돼!

남작님, 뵙게 되어
영광입니다.

아하하…, 오히려
제가 영광이죠.

완벽하게 속아
넘어갔어.

그게 아니에요.

슈미라는 소녀…, 이미
우리 정체를 꿰뚫어
봤다고요.

헉! 근데 왜
*내색을 안 하지?

송맛사

내색 : 얼굴에 감정이나 속마음을 드러내는 것.
나 아무래도 델리키를 좋아하나 봐. 내색하지 않아야 할 텐데….
걱정 마. 넌 워낙 사기로 단련돼 남들이 속마음을 전혀 모를 테니까.

모르겠어요. 아무튼… 우리가 속여 넘길 수 있는 상대가 아닌 건 분명해요.

슈미 누나, 이제 드디어 그날이 온 것 같네요!

*등극하다 : 임금의 자리에 오르다.

지혜의 눈이 살아났고 암리타를 되찾았어요! 지금이야말로 슈미 누나가 어머님의 뒤를 이어 새로운 세계수로 *등극할 때라고요!

그렇구나!

이날을 위해 얼마나 많은 희생을 치렀던가! 아, 드디어 영광의 순간이….

미안하지만…

암리타는 너희가 생각하는 그런 용도가 아니야.

그래…, 언젠가 혼테일도 슈미와 비슷한 말을 했었어….

세계수의 딸이 암리타를 마시면 세계수가 된다? 훗, 꼬마들이 좋아할 만한 이야기로군.

그럼 도대체 암리타의 정체가 뭐야?

곧 알게 돼. 그보다도 지금은…

땅의 신 가이아 님의 말씀대로 우리 메이플월드를 지키는 일이 먼저야!

맞아, 그래서 수많은 영웅들과의 연합이 꼭 필요해!

 누군가 저에게 1년 중 제일 좋아하는 날 세 가지를 얘기해 보라고 한다면 크리스마스와 제 생일, 그리고 〈코믹 메이플스토리〉가 나오는 짝수달 20일이라고 큰소리로 대답할 거예요. (최민성 | 울산광역시 북구 달천동)

*61

쳇, 머릿수 많아 봤자 번거롭기만 할 뿐이야! 이 정도 인원이면 딱이니까 〈시간의 신전〉을 곧바로 *들이치자!

*들이치다 : 들이닥치며 몹시 세차게 공격하다.

누군지 모르겠지만, 무식한 티 그만 내고 입 다물어. 〈시간의 신전〉의 경비가 얼마나 철통 같은 줄 알아?

나와 함께라면 경비망 따윈 신경 쓸 필요 없다! 신전 핵심부로 곧장 들어갈 수 있는 워프용 마법진을 알고 있으니까….

너야말로 무식한 티 내지 말고 입 다물어!

아카이럼이란
자가 있다. 나와 함께
검은 마법사의 7대 군단장
중 한 명이었지. 우린
〈시간의 신전〉을 빼앗기
위해 계획을 세우고
은밀히 마법진을
개발했어.

그 후 우리의 운명은 갈렸지.
나는 봉인되었고 그는
신전으로 숨어들었다.
하지만…

아직도 이 머릿속에
마법진 도면이 생생히
남아 있다는 사실!
후후홋~.

대박이다~!! 신전 핵심부로
곧장 들어갈 수 있는
마법진이 있다니…!

그렇게 들어가면 그들이 뭐 쉽게 져주기라도 한대?

가능한 일이야! 내가 여기 있는 검은 마법사의 군단장과 대등하게 싸웠었으니까!

그게 뭐?

이 군단장 말로는 〈시간의 신전〉의 가문들쯤은 자기 혼자서도 없앨 수 있다고 했어!

자기 혼자 그 막강한 녀석들을?!

그러니까 검은 마법사의 군단장과 대등하게 싸운 우리도 아주 강하다는 거야! 그러니까 〈시간의 신전〉도 우리가 함께 싸우면 물리칠 수 있어!

송맛사

눈엣가시 : 아주 미워서 보기 싫은 사람.
내 앞길을 방해하는 눈엣가시들을 모조리 없애 버릴 테다.
몇 명이지? 백만 명 넘는다고? 쳇, 내버려둬야겠군.

〈시간의 신전〉
가문들을…!!

우리의 정체를 아는
슈미한테 암리타가
넘어갔는데 넌 지금
웃음이 나와?!

아직 모르는
것 같아서요.

뭘 몰라?

데몬슬레이어
말이에요, 아직도
자기가 옛날처럼
센 줄 알고
있잖아요.

하긴~, 내가 자기 힘의
대부분을 빼냈는데,
그것도 모르고~.
크흐흐흐….

근데
더 웃긴 건 저
꼬맹이들이에요!

힘 빠진
데몬슬레이어와
한번 싸워 본 걸
가지고 지들이 엄청
센 줄 착각하고
있다니깐요~.

〈코믹 메이플스토리〉 덕분에 사촌과 같이 사이좋게 보면서 같이 웃고,
같이 이야기를 나눌 수 있었습니다. 작가님들, 감사합니다.
(이상훈, 송병림 | 경상북도 영주시 휴천1동)

*65

슈미야,
네 생각은 어때?

글쎄…,
다른 애들은 어떻게
생각할지….

저는 도도 형과
같은 생각이에요!

맞아! 함께라면 우린
해낼 수 있어!

좋아,
해보자!

얘기가 끝났으면
분필 가져와!
마법진을 그려야
하니까.

분필?

난데없이
웬 분필?

*북받치다 : 어떤 느낌이 치밀어 오르다.

오빠, 이제 그만 좀 울어. 이게 벌써 몇 시간째야….

나도 왜 이런지 모르겠어…. 그동안 스승님을 그리워하며 보냈던 날들을 생각하니 새삼 감정이 *북받쳐서….

내가 지금
뭐 하고 있는
거야!

처음엔 당연히
도망갈 생각이었어.

하하하,
내 말을 믿다니~.
델리키, 넌 정말
바보 멍청이야!!

그런데 문득
이런 생각이
들었지….

내가 도망친 걸
알면…, 델리키가
엄청 충격받겠지?

  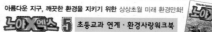

다시 돌아갈까…?

내가 미쳤나? 대체 왜 이런 생각을…!! 라케니스, 정신 차려! 스승님 흉내도 한두 번이지 뭘 어쩌려고 그래?!

물론 스승님이 내 몸에 깃든 것 같은 묘한 느낌을 몇 차례 받았지만…, 그걸 믿고 델리키 옆에 계속 머문다는 건 내 무덤을 파는 일이야.

그래, 망설이지 말고 그냥 튀자!

어~? 빗자루가 왜 이래? 야~, 너 어디 가?

앞으로도 〈코믹 메이플스토리〉가 더욱 발전하고 계속 나와서 세계적으로도 유명한 대한민국 대표 만화책이 됐으면 좋겠어요. 〈코믹 메이플스토리〉 파이팅!
(윤지수 | 경기도 용인시 죽전동)

빗자루 비행술은
탄 사람의 마음대로 방향이
결정되는데…, 그렇다면
내 마음이 델리키를
향했다는 거야?!

스승님, 이제
해결하러 가시죠!

뭐? 해결사 사업이라도
시작하려는 게냐?
난 그런 사업은 좀….

그게 아니라….
저희 아버지께서
석화마법에 걸려
돌이 되셨습니다.

그 마법을 풀 수
있는 분은 오직
스승님뿐이세요!

저와 함께 미나르의
하늘둥지로 가시어
저희 아버지를 구해 주세요.
부탁 드립니다!

오빠, 그럼 숙희는 안 찾아?

걜 찾아서 뭐 하게? 스승님이 부활하셨으니 이제 드래곤 하트는 필요 없어.

마…, 맞다. 드래곤 하트는 이제 필요 없다. 하지만 그 석화마법은 나도 못 풀 수도….

스승님께서 못 푸시다니요! 그건 말도 안 되는 일입니다!!

반드시 성공하시어 저희 아버지를 구해 주실 것을 굳~게 믿사옵니다!!

그래…. 일단 하늘둥지로 가자!

으휴, 진작에 도망갔어야 했는데….

제가 앞장서겠습니다!

에고, 고생길이 훤~하다….

한편 봉인이 풀려
부활한 메르세데스는….

슈아아

스윽

오랜 봉인의 세월 동안
손상되었던 기운이
이제야 회복되었군.

엘프 여황
메르세데스
님시이여…!!

이 사악한 배신자,
아직도 숨이 붙어 있었구나!
목숨이라도 구걸하려는
것이냐?

아니옵니다. 죽는
건 두렵지 않사오나…,
배신자라는 *누명은
너무나 억울하옵니다.

아직도 뉘우침이
없다니…! 봉인된
짐을 모욕한 죗값은
네 목숨으로도
갚지 못하리라!!

 누명 : 잘못이 없는 데도 억울하게 뒤집어쓰는 죄나 허물.

송맛사
　더 이상은 못 참겠어요. 남들이 나보고 도둑이래요. 이런 **누명**이 어딨어요?!
　너 게임에서 직업이 도둑이잖아.　　그래서 그런 거였어요?

*73

킬킬킬~! 여황이라고 폼 잡더니 별것도 아니네~!

여황 폐하~, 봉인에 독가스 좀 넣어 드릴까요~?

그게 무서우면 황궁 금고의 열쇠를 어서 저희에게 넘기시든지요~!

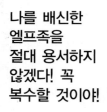

나를 배신한 엘프족을 절대 용서하지 않겠다! 꼭 복수할 것이야!

네가 끝까지 거짓말을 하는구나! 오냐, 네 숨을 확실히 끊어 주마.

오해십니다! 엘프족은 폐하를 절대 배신하지 않았사옵니다.

정 그러시다면, 제 스스로 목숨을 끊을 터이니 폐하께선 멀리 물러나 계시옵소서.

누구 앞에서 감히 도망치려는 잔꾀를…!!

혹시라도 숨이 다하는 순간에 다량의 방귀를 배출하여 폐하께 *누가 될까 하는 염려 때문이옵니다.

폐하께 방귀 냄새라도 밴다면 저승에 가서 엘프 조상님들을 어찌 뵙겠사옵니까! 통촉하여 주시옵소서~!

*누 : 남의 잘못으로 말미암아 받게 되는 정신적인 괴로움이나 물질적인 손해.

이 스컹크는 진심이야! 하지만 나를 괴롭힌 것은 분명 엘프들이었는데….

코메짱 저는 비염이어서 고통이 심해요. 그럴 때마다 전 〈코메〉를 봐요. 그러면 신기하게도 고통이 스르륵 사라져요. 〈코메〉 파이팅!
(박동희 | 충청남도 천안시 성거읍)

설마, 변신술을···? 그래!
사악한 자들이라면
얼마든지 엘프로
변신해 나를 속일 수
있었을 테니까.

폐, 폐하···!

널 믿어서 살려준 것이 아니니 착각하지 말거라.

알겠습니다, 폐하….

하늘 아래 믿을 자가 이 스컹크 한 마리뿐이라니, 내 신세가 비참하구나….

아…, 누가 적이고 누가 내 편이란 말인가! 진실을 알 수 없는 이 혼돈의 상황에서 대체 누굴 믿어야 할지….

폐하…!

어서 출발하자꾸나!

어디로…?

코메짱 석현이가 좋아하니까 엄마인 저도 좋아요. 이 책을 읽으면 석현이의 표정이 밝아지고 석현이의 마음도 한층 너그러워짐을 알 수 있어요.
(조석현 어린이 어머니 | 경상남도 거창군 거창읍)

미나르 하늘둥지에 가면
대대로 황실과 *각별한 관계를
맺어온 마법사 가문이 있느니라.
그곳에 황궁 금고의 열쇠를
맡겨 놓았다.

*각별하다 : 어떤 일에 대한 마음가짐이나 자세가 특별하다.

그 열쇠만 손에 넣으면
짐의 뜻대로 할 수 있느니라!
가자, 하늘둥지로!!

조용~

어그적

어그적

틱

틱

쓸쓸

그래도 한땐
미나르 최고의 마법사
마을이랬는데….

아버지, 약속대로…
제가 왔습니다.

또 우시네요.
이제 울지
마세요. 곧 마법을
풀어드릴 테니까요.

야, 너 나한테만
솔직히 말해봐. 너 오빠네
스승님 아니지?
지금 쇼하는 거지?

오빠한테 들통 나면 그땐
대형사고라고…. 그 전에
대책이라도 세워놔야 하니까
나한테라도 사실대로 말해.

으…, 그냥 솔직히
털어 놓을까…?

스승님!

왜 그러느냐?

이젠 아주 스승님이란 말에 자동으로 반응하잖아?! 얘는 어쩌려고 이러는지, 불안해 죽겠네….

저희 아버지에게 걸린 석화마법을 어서 풀어주십시오!

그, 그래야지!

그런데 말이다….

만에 하나, 아니, 백만에 하나… 내 힘으로도 석화마법을 풀지 못한다면….

그런 일은 있을 수 없사옵니다! 스승님께서 만드신 마법인데, 어찌 스승님께서 못 푸시겠습니까? 그건 스승님이 가짜라는 얘기밖에 안 되는데, 절대로 있을 수 없는 일입니다!

마법을 못 풀면 가짜란 게 들통 나고, 그럼 난…!!

으…, 대형사고의 *조짐이 보인다….

송맛사 **조짐** : 어떤 일이 일어날 것처럼 보이는 분위기.
조짐이 보인다. 도도가 눈 뜰 조짐…. 하지만 결국 안 뜨는구나.
너 자꾸 내 눈 작다고 놀릴래? 까불면 맞는다!

82 ✱

농담 삼아 한 말이니 너무 흥분하지 말거라.

죄송합니다.

자, 그럼 석화마법을 풀어주마.

석화 땡이라니…. 얼음 땡도 아니고….

*83

방금 봤지? 아버지가 웃으셨어.

얼마나 어이가 없으면 석상이 다 웃겠어?

게다가… 너도 눈치챘지? 신기하게도 마법의 기운이 전혀 느껴지지 않는 걸!

사기 치는 거니까 그럴 수밖에…!

전혀 티가 나지 않는 마법이라니~, 스승님의 마법력은 참으로 대단해!

오빠의 순진함이야말로 참으로 대단하다….

으…, 팔에 쥐 나기 시작하는데….

스승님, 오래 걸리옵니까?

다 되어가니 입 다물럇다!

아, 차라리 내가 돌이 되고 싶다!

저 꼴을 지켜보느니 차라리 조용히 정령계로 사라지고 싶네….

하늘둥지의
마법사
가문이라면…,

*약조 : 조건을 붙여서 약속함.

혹시 델 가문이
아닌지요…?

엘프족의 일원으로서 어찌 황실과
델 가문에 얽힌 오랜 전설을
모르겠사옵니까? 아득한 옛날,
두 집안의 시조들께서 힘을 모아
사악한 세력을 소탕하신 후, *약조를
맺으셨다 들었습니다.

네가 델 가문을
아느냐?

엘프 황실의 첫아이와
델 가문의 첫아이를
혼인시키기로요.

슈아아

그런데 안타깝게도
엘프 황실의 첫아이가 딸이면
델 가문의 첫아이도 딸,
델 가문의 첫아이가 아들이면
엘프 황실의 첫아이도 아들이라…
결국 약조가 실현되지 못한 채
오랜 세월이 흘러왔다고
전해 들었습니다.

이제 메르세데스
폐하께서 엘프 황실의
첫 따님이시니,
델 가문의 첫아이가
아들이기만 하면
약조가 이루어질지도
모르겠습니다.

쓸데없는 소리!
그것은 한낱
전설일 뿐이다.

그렇지 않사옵니다!
지금 폐하께
가장 필요한 것은
믿고 의지할 내 편
아니겠습니까?

솔깃

하긴, 적과
내 편을 구분할 수
없는 혼돈의 상황에서
온전히 내 편이라 믿을 수
있는 존재가 딱 한 명이라도
짐 곁에 있어 준다면….

발그레

그렇다면
델 가문의
첫아이가 아들인 것도
나쁘지 않겠군.

스승님,
아직 멀었…?

어허!! 아직 2% 남았거늘!!
정신 산만하게
말 시키지 말거라!

얼마 안 남았네요!
스승님, 힘내세요!!

어떡해….
대형사고가
얼마 안
남았어!

살 길은
오직 하나,
튀는 거다!

 코메짱 〈식객〉이란 만화가 영화로 만들어진 것처럼 1,300만 부 돌파한 〈코메〉도 영화로
만들어지지 않을까요? 〈코메〉가 영화로 만들어질 때까지 작가님들, 파이팅이에요!
(윤다훈 | 서울시 강서구 등촌1동)

 *89

이게 웬 떡이야?!
역시 하늘은
내 편이라니까~.

빤짝

오오~ 이럴 수가!
다 된 밥에
똥 묻었도다!

'코 빠뜨렸다' 인데…
무식하긴~.

딱 2% 남았는데,
저자들이 뛰어드는
바람에 집중력이
흐트러져 버렸도다!

그럼 어서 다시
집중을…!

다 틀렸도다!
일생에 단 한 번 허락되는
기회였거늘…!!

쿠쿵—

델 가문의 어른이 어느 분이오?

여기…, 이분이시다! 하지만 석화마법에 걸리셨다.

그것도 심장에 정통으로 걸려 도저히 풀 수 없는…!!

맙소사…!

오직 단 한 번의 기회였는데…

너희가 모두 망쳐 버렸어!! 가만두지 않겠다!!

감히 내가
누군 줄
알고…!!

이분은 엘프 여황
메르세데스 폐하시다!
어서 예를 갖추거라!!

네가 여황이면…

나는 교황이다!

뭐라?!
이런 괘씸한…!!

너의 *경거망동을
후회하게 해주마!

누가 할 소리!!
내 중대한 일을 망친
대가를 톡톡히
치르게 해주마!

*경거망동 : 조심성 없이 함부로 행동하는 것.

92

잰 또 왜
나서는 거야?!

구미호 길드 마스터
똥스턴이 엘프 여황
메르세데스 폐하께
인사 올립니다!

똥스턴… 이름은 들은
적이 있다. 길드 마스터씩이나
되는 자가 왜 저런 버릇없는
자와 어울리느냐?

그건 오해십니다. 우리 오빠는 델 가문의 맏아들로서…

쿠 쿠 쿵

오오~ 저런 무례한 자가 짐의… 정녕 짐의…!!

파 즉

차라리 모르는 편이 나았을지도….

삐질 삐질

*반응들이 왜 이래?

갸우뚱

각오하거라, 동네 깡패!

용서 못 한다, 금발 마녀!

파바박

아까보다 더 화난 것 같잖아…?

우왓! 맞짱~ 뜬다!

이 재밌는 걸 왜 말려?

추욱

송맛사

반응 : 자극을 받아서 어떤 움직임이 생기는 것.

우리 집 문고리를 만지면 전기가 통하는 것 같은 반응이 와요. 몬스터가 아닐까요?

그건 그냥 날이 건조해서 정전기가 오르는 거야.

스트라이크
듀얼샷!

텔레포트!

파이어…

이 동네 깡패는
왜 이렇게
센 거야?

인형같이 생긴 애가
의외로 세잖아?

여황 폐하랑
*막상막하라니…,
델리키 오빠가
엄청 강해졌어!

저 소년의
스승은 대체
누구란 말인가?

지루하게
끌지 말고
한 번에 끝내자,
금발 마녀!

차마 나라고
말 못 하겠네….

내가 할
말이다,
동네 깡패!

 막상막하 : 실력이 비슷해서 어느 쪽이 나은지 가리기 어려운 것.

송맛사 🐼 메르세데스 등장 이후 왠지 위기감이 느껴지네~. 미모에 있어서 나랑 **막상막하** 같아서~.
게다가 이름도 똑같이 다섯 글자로 '메르세데스', '바우스타샤' 잖아.

*97

저건··· 폭발마법의
진수 〈빅뱅〉!

헉, 엘프마법의
결정판 〈이슈타르의 링〉!

델 가문의
이름으로
널 *처단한다,
금발 마녀!

황제의 권한으로
죄인을 사형에
처하노라,
동네 깡패!

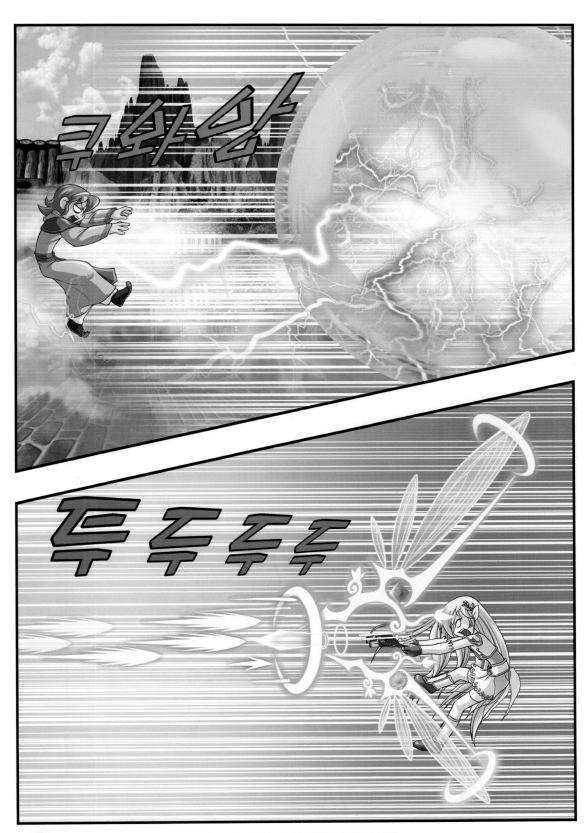

 〈코믹 메이플스토리〉는 저에게 매우 귀중한 책입니다. 메이플스토리 게임을 하면서 늘 느끼는 건데요, 캐릭터의 장점을 책속에 참 잘 살리신 것 같아요. 송도수, 서정은 작가님 파이팅! (최우성 | 경기도 의정부시 신곡2동)

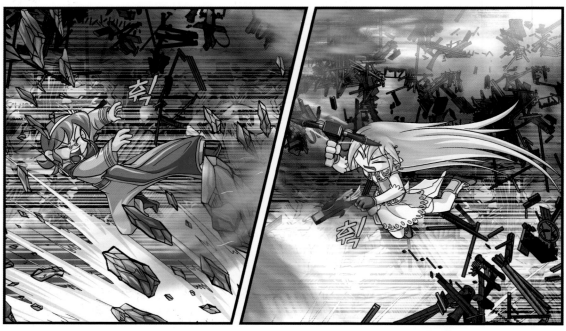

 코메짱 아루루, 너! 왜 카이린의 마음을 그렇게 몰라주는 거야?! 그리고 너무 멋진
너의 외모는 다른 아이들과 비교가 되잖아!! 하지만 널 응원할게. 아루루, 파이팅!
(이수빈 | 광주광역시 광산구 수완지구)

이제 그만들 좀 해!
이 석상까지 부술
셈이야?!

폐하….

오빠!!

혁,
아버지가…?
안 돼!

아니 될 말!
황금 금고의
열쇠를
찾아야지!

잠깐 *휴전하자!
하지만 우리 아버지의
석화마법 해제를 방해한 죗값은
꼭 받아낼 테니 각오해!

*휴전하다 : 서로 협의하여 전쟁을 얼마 동안 멈추다.

고작 그것 때문에 이 난리를 친 것이냐? 심장에 걸린 석화마법이라도 황궁 금고에 보관된 해독제를 바르면 곧장 해제될 터인데….

쿠궁

저기, 그럼 그 해독제를 좀….

금고 열쇠의 행방을 아는 자는 델 가문의 어른뿐…. 이렇듯 석화되었으니 열쇠를 찾을 수가 없도다.

뭐야, 지금 장난해?!

빠 직

아!

황궁이 있는 엘프의 땅 〈에우렐〉로 가면 금고를 열 다른 방법을 찾을 수 있을지도…!

정말~? 그럼 황궁에 가서 방법을 찾아보자고! 어서 가자!

와~

코메짱 〈코믹 메이플스토리〉가 계속 나왔으면 좋겠고, 만화 그리는 법을 전수받아 〈코믹 메이플스토리〉 같은 그림을 그리는 만화가가 되었으면 좋겠어요.
(심희용 | 충청남도 천안시 불당동)

가긴 어딜 가느냐?
너 같은 깡패가 감히
황궁에…!

폐하, 잠시만….

?

저자는 대단한
마법사입니다.
곁에 두시면 천 명의
호위병보다 더 든든할
것이옵니다.

하긴 〈에우렐〉에
가면 어떤 위험이
기다릴지 몰라….
동네 깡패긴 해도 곁에
두면 도움이 될 거야.

좋다. 함께 가는 대신
조건이 있다. 짐 앞에
무릎 꿇고 그간의 무례를
정중히 사죄하거라.

미쳤냐?
내가 왜….

오빠,
좀 진정해!

아빠를 생각해야 할 것 아냐, 아빠를!

무릎을… 꼭 꿇어야 되냐? 정 해야 한다면 한쪽 무릎만….

두 쪽 다, 꿇어야 한다, 반드시!!!

죄… 죄송합니다, 폐하.

더 꿇어!! 자세가 영 틀려먹었어!!

폐하, 이쯤에서 그냥 넘어가시지요. 이런 일로 *허비할 시간이 없사옵니다.

허비하다 : 돈, 물건, 시간 같은 것을 헛되이 쓰다.

송맛사 무너진 엘프왕국을 일으켜 세우려면 할 일이 많다. 짐에게는 허비할 시간이 없도다. 헉, 이게 무슨 냄새지…? 스컹크, 넌 멀리 떨어져 있으랬지!

*105

됐다!

*개발새발 : 개의 발과 새의 발이라는 뜻으로, 글씨를 되는대로 아무렇게나 써 놓은 모양을 이르는 말.

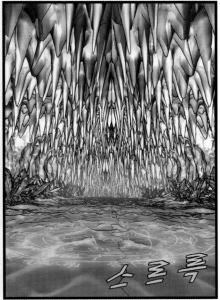

어머~,
야찰 대마법사님!
드디어 실험실에서
나오셨군요.

얼마나 엄청난
실험을 하셨길래….
참, 노예소녀는 어디
있어요?

원래의 내 모습으로
돌아오면 즐거울
줄 알았는데….

하아

야찰 님,
왜 그러세요?

음모와 속임수,
배신으로 얼룩진 나의
삶이… 이젠 *지긋지긋해!

어머머머,
지금 우는 거야?
실연 당했나 봐!

*지긋지긋하다 : 진저리가 나도록 몹시 싫고 괴롭다.

날 위해 *서슴없이
희생할 제자 하나
두지 못한 내 인생은
빈껍데기일 뿐…!
난 헛산 거야!

야찰 대마법사가
노예소녀에게 차이다니!
대박 소식을 얼른
소문내야지!

아리엘 신녀….
그동안 탐내던
내 자리…,

그대가 가지시오!

서슴없다 : 망설이거나 거리끼는 태도가 없다.
어허, 핑크빈! 전철에서 어르신을 보면 서슴없이 일어나 자리를 양보해야지!
왜 이래, 나 이거 서 있는 거라니까!

*111

빈껍데기 같은 자리이긴 하지만….

어머머~, 대마법사 자리가 왜 빈껍데기예요? 신존님 바로 밑인 높은 자리잖아요~!

야찰이 여자한테 차이더니 완전히 맛이 갔나 봐!

어쨌든 감사히 잘 받을게요~. 나중에 돌려달라기 없기예요~.

내가 대마법사 자리에 오르다니…, 경사 났네~, 경사 났어!

캬아—

대마법사가 된 기념으로 파티를 열어야지~!

무엇보다 야찰 님을 차 준 노예소녀한테도 감사~!

우선 이 영광을 뢴느 여신님께 돌리고~.

쿡 쿡 쿡

뢴느는… 없소.

네…?

흠 칫!

뤼느는 영원한
잠에 빠져 있는 여신….
따라서 없는 것이나
마찬가지요.

그럼 그동안 뤼느의
이름으로 신탁을 내리고
신전을 다스려 온 존재는
누구였겠소?

코메짱 〈코메〉를 학교에 가지고 갔더니 제가 인기 스타가 된
기분이 들었어요. 〈코메〉 덕분에 저까지 유명해졌답니다.
(장미연 | 울산광역시 울주군 덕신리)

*113

바로 아카이럼이라는 자요. 한때 신전의 사제였던 그는 죄를 짓고 쫓겨난 후, 검은 마법사라는 자의 군단장이 되어 신전을 빼앗기 위해 은밀히 침투해 들어왔소.

핑크빈은 그 목적을 돕는 다른 세계의 괴물…, 나 또한 사제 시절의 인연으로 아카이럼의 *심복이 되어 그를 섬겨 왔고….

말도 안 돼…! 그럼 지금까지 내가 섬겨 왔던 신전의 모든 것은 대체 뭐란 말이죠?!

신존님, 여쭤 볼 것이….

송맛사

심복 : 모든 일을 믿고 맡길 수 있는 충성스러운 아랫사람.
나의 심복 군단장은 모두 일곱 명이다. 그런데 피자 먹을 때마다 싸운다. 우리 동네 피자는 여섯 조각이거든. 아무래도 한 명을 잘라야 되겠어!

*꼭두각시 : 남이 시키는 대로 움직이는 사람을 빗대어 이르는 말.

이게 무슨 짓이야?!
멋대로 신녀를
없애면 어떡해?!

어차피 쓰다
버릴 *꼭두각시인데
없애면 좀 어때?!

이제 더 이상 꼭두각시 뒤에 숨어 있을 필요가 없다! 봉인석과 암리타가 곧 우리 것이 될 테니까.

검은 마법사님이 부활하시고 전 우주를 우리 손에 넣을 날이 코앞에 다가왔단 말이다!

크하하하하

그렇다고 네 멋대로 신전의 질서를 망가뜨리면….

그까짓 신전이 뭐가 중요해? 혹시…, 신존이라 대접받는 것에 미련이 남아 그러나?

파지직

그게 무슨 소리야?!

내게 신전은 쓰레기에 불과하다! 내 목표는 오직 검은 마법사님의 부활과 그분의 우주 제패뿐….

부글부글

그런 의미에서
야찰 녀석도 처리할 때가 됐군.
사제 시절 친구랍시고
그동안 이용해 먹었는데,
더 이상은 쓸모없겠어.

계속 네 멋대로
굴겠단 말이지?
좋아, 그럼 나도
생각이 있어!

야찰-!!

여기가 어디야…?

〈차원의 틈〉 입구다.
멀지 않은 곳에
아카이럼이 있어.

딴 애들은?

모르지. 그 마법진은
원래 2인용이라 난
너만 챙겼거든.

2인용 마법진이라니,
그… 그게 무슨 소리야?
그럼 내 친구들은…!!

〈시간의 신전〉 여기저기에
떨어졌겠지 뭐.

코메짱

〈코믹 메이플스토리〉는 저에게 신비한 존재예요. 다 읽어도 또 읽고 싶고,
밤이면 무엇인가에 홀린 것처럼 아루루, 주카, 바우의 모습을 꼭 그리고 자요.
(장선주 | 경상남도 통영시 무전동)

뭐 이런 인간이 다 있어?!

나, 인간 아니야. 마족이야.

이거 놔!

우리끼리 이럴 시간 없어. 이미 말했듯이 그 마법진은 아카이럼과 내가 함께 만들어낸 거다. 즉 마법진이 가동되는 순간, 아카이럼도 *즉각 눈치챘을 거란 얘기지!

그럼 우리가 날아오는 걸 그자도 훤히 알고 있다는…?

정답!

따라서 우리는 아카이럼의 손아귀 안으로 곧장 뛰어들었단 얘기…?

또 정답!

즉각 : 당장에 곧.

송맛사

답답해서 못 참겠다, 도도, 즉각…!

즉각 뭐? 싸우자고?

눈을 떠라.

그러니까 우리가 살 길은 곧장 쳐들어가 아카이럼을 조금이라도 빨리 쓰러뜨려야 한다는…?

계속 정답!

그래서 너는 내 친구들을 미끼 삼아 신전 여기저기에 흩어놓고, 아카이럼을 혼란스럽게 만든 후 기습 공격하려는 거잖아!!

그것도 정답!! 도도 학생, 문제 다 맞히고 골든벨을 울렸습니다~!!

빵

빰바밤~ 빰바밤

내가 역시 사람 보는 눈이 있어. 너랑 함께라면 아카이럼쯤은 왠지 문제없을 것 같더라고~.

뻔뻔한 것도 웬만해야 화를 내지….

친구야, 가자!

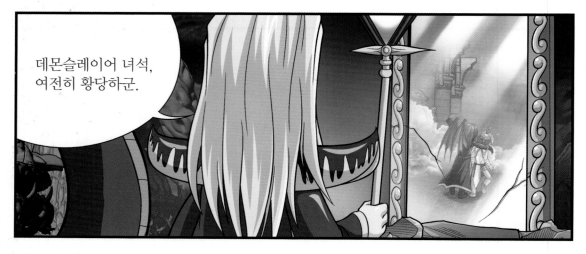

반갑다, 옛 친구!
네가 봉인을 풀고
다시 나타날 것을
대비해 여러 가지를
준비해 뒀지.

그런데 이건
전혀 예상치 못한
선물이란 말이야.

쩌억

떼끼!!

귀하신 주카
공주님께 감히…!

마법진을 타고 날아오는
공주를 느낀 순간,
어찌나 기뻤던지~!

와일드카고 족 공주의 뿔은 주인님의 봉인을 풀 유일한 열쇠다! 하지만 강제로 뽑아선 효력이 없어. 공주 스스로 뿔을 뽑아 바치게 해야 한다!

*고매하다 : 됨됨이, 마음씨, 학식 같은 것이 아주 높고 훌륭하다.

뭐, 그 정도 일은 내게 누워서 떡 먹기지. 나의 *고매한 인격과 드높은 품위에 굴복하지 않을 자는 이 세상에 없을 테니….

안 그런가?

방금 그 소린
뭐지?

설마…
콧방귀 소린
아니겠지?

이런 건방진 것!!

매를 벌어요,
아주~. 쯧!

하지만… 주카는 철이
없어서 나의 인격과 품위를
못 알아볼 수도 있으니
만약을 대비하는 것도
나쁘지 않겠군.

내가 쟤들까지
신경 쓸 필요는 없지.
핑크빈한테 *처리하라고
해야겠군.

근데 핑크빈은
어딜 간 거길래
연락이 안 되는
건지….

세계수의 딸
슈미가 없잖아?!

다른 곳에 떨어졌나?
어…, 어떡하지?

 송맛사

처리하다 : 일이나 사건을 순서에 따라 정리하여 마무리 짓다.
드디어 내 지혜의 눈이 되살아났어. 이제 어떤 문제도 현명하게 **처리**할 수 있게 됐는데,
왠지 도도가 서먹해 하는 것 같아. 어떡하지…, 도도 앞에선 다시 어리광을 부려야 할까?

아무 데도 보이질 않잖아! 대체 어딜….

혹시 핑크빈이…?!

쳇, 제까짓 게 슈미를 낚아채 가 봤자지.

암리타는 주카의 몸에 있는걸, 뭐.

지잉-

암리타가 없다! 어떻게 된 거지?

코메짱 〈코믹 메이플스토리〉 친구들아, 너희는 친구들도 잘 구해주고 마음씨가 참 착하구나! 나도 너희처럼 착한 아이가 될게! (김지민 | 경상북도 경주시 용강동)

*131

주카가 이곳으로 오기 전
상황을 비춰라!!

암리타가
슈미에게로…?!

그렇다면… 암리타와
세계수의 딸이 한꺼번에
핑크빈 손아귀에…!

안돼애애애애―

켈켈켈켈

오~ 모든 것이 완벽해! 암리타를 지닌 세계수의 딸이 내 손에 들어오다니….

안녕~, 난 핑크빈이라고 해.

보다시피 난, 신전의 귀염둥이야. 하지만…,

코메짱

〈코메〉는 친구들의 우정이 정말 잘 나타나는 따뜻한 책이라서 이 책을 통해 많이 배워요. 〈코메〉 짱~! ♡ (정한솔 | 경기도 하남시 신장2동)

*133

열 받으면 악마로 변하기도 하지!

키야야

집에 가고 싶지 않니…?

쿠쿵

크크

날 꿰뚫어 보다니…. 역시 세계수의 딸답군. 지혜의 눈이 되살아난 거야?

빼걱
크크크

내가 그 눈을 다시 *파괴해 줄까? 어디 한번 해봐?!

파괴하다 : 어떤 것을 부수거나 무너뜨리다.

송맛사 🐾 다크엘프가 부활했도다! 내 앞을 가로막는 것은 모조리 **파괴할** 것이니 어서 사물함을 열어라, 델리코! 🐷 나참, 과자 빼앗아 먹는 방법도 가지가지네요.

그렇게 못 할걸?! 부활한 지혜의 눈은 그 누구도 파괴할 수 없을 만큼 강해졌으니까.

쳇, 그렇게 강하신 분이 지금은 왜 그러고 계신 건데~?

내가 원하는 건 아득한 옛날부터 전해 내려오는 〈그것〉이야! 천공을 떠돌다가 세계수의 딸이 암리타에게 명령을 내려야만 불러올 수 있는 바로 〈그것〉…!

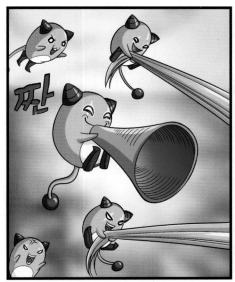

짠

숙제하고
공부해!

삐쭉

쳇, 이 상황에서도
지혜의 눈을 쓰지 않다니,
꽤 영리한걸? 내 미니빈을
무한대로 소환해 내어
네 힘을 모두 빼려고
했는데….

하지만 상관없어! 이러나
저러나 네가 받을 고통은
마찬가지일 테니까….

키득
키득

척

척

척

캬캬캬~.
생각이 바뀌면
언제든 날
부르라고~!

도도랑 데몬슬레이어가
안 보이네? 주카랑 슈미,
아루루도 없고…?

바로크 님,
우리의 목표 슈미가
사라졌어요!!

카이린 양,
괜찮으세요? 어디
다치신 데라도…

아뇨,
걱정해 주셔서
감사합니다.

바로크 님,
암리타를 지닌 슈미가
사라졌다니까요!

〈코믹 메이플스토리〉는 제게 행운의 마스코트이자, 저에게 늘 행복을
주는 책이랍니다. (안상훈 | 서울시 중구 신당5동)

숙희야, 얼마나
찾았는지 알아?!

너 뭐 해?

마법 쉴드라고?
이 얼음벽이?

마법 쉴드야…!

글쎄…, 내가 보기엔 그냥 평범한…

얼음벽 같은데…?

*도사리다 : 몸을 작게 움츠리다.

이런 곳에 마법 쉴드가 있다니…. 분명 저 안엔 흉측한 괴물이 *도사리고 있을 거야. 빨리 돌아가자.

코메짱

〈코믹 메이플스토리〉 신간이 나올 무렵이면 두 아이와 함께 서점에 갑니다. 책을 서로 먼저 읽겠다고 토닥거리는 아이들을 보니 정말 재미있긴 하나 봐요. 만화책 안에서도 배울 게 있다고 생각하기에 저는 즐거운 마음으로 지갑을 엽니다. (박근영 어린이 어머니 | 대구광역시 북구 동변동)

*143

뚫고
들어가자!

뭐? 제정신이야?

때가 되었어.
드래곤의 피가 날
부르고 있다고!

하지만 이건 너무
위험해. 방금 돌멩이
깨지는 것 봤지?

*운명이라면
그 무엇도 우릴
해치지 못해.

정말 확실해?
운명이 우릴
부르는 게
틀림없냐고!

송맛사

운명 : 세상의 모든 것을 결정한다고 믿는 강한 기운.
내 앞에 어떤 운명이 기다리고 있을까? 주카일까, 카이린일까?
앞에 오토바이 온다, 어서 비켜!

그, 그게 확실하진 않아. 반반이야.

지금 장난해?! 50%의 확률에 목숨을 걸라고?!

그래, 운명이 내게 그렇게 속삭이고 있어.

나 참⋯.

좋아, 해보자!

지잉―

스윽

까짝

그럴 만한
사연이 있도다.

짐이 검은 마법사와의
싸움에서 희생된 후, 백성들은
소중한 엘프의 보금자리가 원수에게
짓밟힐 것을 걱정하여 *만장일치로 뜻을
모아, 땅 전체를 봉인해 버렸지.
그 자신들까지도…

*감내하다 : 어려움을 참고 버티어 이겨 내다.

맙소사…!

언젠가 짐이 깨어날 그때를
기다리며…. 나라 전체가
짐과 함께 봉인의 고난을
*감내했던 것이니라.

송맛사

만장일치 : 회의 같은 것에서 의견이 모두 똑같은 것.

🏴‍☠️ 해적들은 모든 문제를 **만장일치**로 정해.　👤 의견이 다른 사람이 하나도 없단 말이야?

🏴‍☠️ 간혹 있는데, 바다로 집어던지니까 결국 **만장일치**가 돼.

*149

참으로 놀라운
충성심입니다.

폐하를 생각하는
백성들의 마음이
느껴져요.

진짜 왕을 생각한다면 싸워 이겨서
복수를 해야지, 다 같이 봉인이
뭐야? *한심하기는⋯. 하긴
그러니까 나라가 망했지.

너는 어쩜 그렇게
생긴 대로 얄미운 말만
골라서 하느냐?

*한심하다 : 정도가 지나치거나 모자라서 딱하거나 기막히다.

내 생긴 게 어때서?!
나보다 네가 더 얄밉게
생겼거든!

네가 아주 내 속을
긁는구나!

누가 할
소리! 어디 한번
해볼 테냐?!

폐하, 고정하소서! 지금 저희에겐 저자가 필요함을 아시지 않습니까?

짐의 인내심에도 한계가 있느니라!

오빠 왜 이래? 해독제 필요 없어?

쟤 때문에 우리 아버지의 석화마법 해제가 *틀어진 걸 생각하면….

되게 찔리네….

으휴~ 내가 참는다.

짐이 참아 주마.

폐하, 어서 입구의 봉인을 푸시지요.

오냐….

해제 주문은 오직 짐만이 알고 있지. 그것은…

틀어지다 : 일이나 계획이 뜻대로 되지 않다.

송맛사

아루루를 음악노예로 만들려는 내 계획은 틀어지고 말았다. 왜냐고? 노래를 시켰더니 이렇게 부르는 거야. "아루루루루루루루~♫♪"

그… 그것은….

폐하…?

봉인의 세월이 너무 길었는지,
주문이 잘 생각나지
않는구나….

뭐야, 그럼 〈에우렐〉에
못 들어가는 거야?

이런 사기꾼!
너 가짜지?

뭐라? 지금
말 다 했느냐?

후유, 이제 말릴
기운도 없다….

못 들어가면
해독제는 어떡해요?

이러다 괜히 불똥이
나한테 튀는 거 아냐?
또 석화마법 풀라고
하면 골치 아픈데….

잠깐!

생각났도다!

주문이?

그건 아니고…
짐이 주문을 만들던
과정이 생각났도다.

폐하~,
다행이옵니다!

그걸 떠올려 보면
기억이 나시겠네요.

주문은 모두
세 가진데….

기억도 못 할 거면서
많이도 만들었네.

빠직

오빠~!!
제발 좀…!!

첫 번째 주문은 우리 엘프
황국을 세우신 엘피스 1세
폐하를 생각하며
만들었느니라.

엘피스 1세 폐하라면
폭력 없는 세상을
*강조하신….

참자!

송맛사

강조하다 : 어떤 것을 힘주어 말하거나 두드러지게 하다.
사람들은 어떤 말을 **강조**할 때 목소리에 힘을 준다.
하지만 바우 누나는 크게 방귀를 뀌지. 사실 그 편이 더 **강조되기는** 해.

그렇도다. 그분은 이렇게 말씀하셨지.

주먹으로 일어선 자는 주먹으로 망하나니, 그대들은 주먹을 이기는 강력한 무기가 스스로에게 있음을 깨달아야 할 것이다!

아…, 참으로 감동적인 말씀입니다.

난 아마도 그 말씀을 떠올리며 첫 번째 주문을 만들었던 것 같다. 즉, 주먹을 이기는 무기가 무엇인지 깊이 명상하며…

그럼 '평화' 아니겠습니까?

전 '사랑'일 거 같아요.

난 '사기'…가 아니라 '용서'라고 생각해.

델리키, 나중에 들통 나더라도 꼭 용서해 줘~.

정답은 그게 아니라…

'보'야! 주먹을 이기는 건 '보'잖아. 안 그래?

이런 고상한 토론의 자리에서 어떻게 저런 말장난을…!!

닥쳐라! 짐이 깊은 명상 끝에 떠올린 주문이 고작 그런 유치한 말장난이었을 거란 말이냐?

크릉

*장담하지! 아니면 내가 네 동생이다!

*장담하다 : 확신을 가지고 아주 자신 있게 말하다.

너 딱 걸렸어!

방금 그 말 진심이렷다~?!

그렇다니까! 일단 내 말대로 해보라고.

내 동생이 될 준비나 하거라. 나 참…, 보!

척

그것 봐!
넌 내 손바닥 안에
있거든!

첫 번째 주문은
가벼운 마음으로
정하신 듯하옵니다.
두 번째 주문부터는
심오한 철학적
경지가 펼쳐질
터….

지… 짐의 생각도
그러하다.

과연 그럴까~?

두 번째 주문은
엘프족의 신성한 경전
〈엘프경〉을 읽으며
깊은 명상에 잠긴 끝에
떠오른 생각이니라.

아, 〈위대한 정신〉께서
직접 기록하시어
엘프족 시조님들께
선물하셨다는….

그렇도다.
한 구절 한 글자도
넣거나 뺄 것이 없다는
완벽한 경전!

*문득 : 생각이나 느낌이 갑자기 떠오르는 모양.

어느 깊은 밤,
〈엘프경〉을 읽던 짐은
*문득 이런 의문을
떠올렸도다.

〈엘프경〉은 몇 글자로
이루어져 있을까?

뭔가 수학적이면서도 철학적인 의미가 담긴 주문일 것 같은데….

수학과 철학은 무슨~! 단순하게 생각해.

세 글자잖아. 엘, 프, 경… 세 글자!

쿠쿠쿵

푹

혐오스럽도다!

보자 보자 하니까 무례함이 끝이 없구나!

오빠, 어쩌려고 그래….

너 오늘따라 왜 이렇게 안 *진지하니?

글쎄, 틀리면 내가 동생 하겠다니깐!

그 말 절대 잊지 말럿다!

캬옹

진지하다 : 말이나 태도가 장난기 없이 바르다.
송맛사 나를 좀 더 진지하게 대해 줄 수 없어? 늘 장난만 치고….
당장 정령계로 돌아가! 에이~, 또 장난치기는!!

*159

저 밉살스러운 걸 동생으로 받아들여야 하나?

세 글자!

쩌쩌쩐

콰콰콰콰

쿠루쿵

세 번째 주문은 뭐냐?
비슷한 *수준일 텐데
빨리 끝내자고.

폐하,
뭐라고 드릴
말씀이….

수준이… 좀
그렇긴 하다~.

*수준 : 사물의 가치나 질 따위의 기준이 되는 일정한 표준이나 정도.

세 번째 주문은
다를 것이니라!
왜냐하면 짐이
국립엘프대학 언어학
박사학위를 따는
과정에서 떠올린
주문이니까….

그럼 이번엔
수준이
다르겠네요~!

달라 봤자 거기서
거기겠지~.

짐은 엘프족의 언어생활을
연구하던 중 깊은 의문에
사로잡혔다. 과연
엘프족이 가장 많이
내는 소리는 무엇일까?

그건 엘프족만이 알 수 있겠는걸요?

'황실에 영광을!'이 아니겠사옵니까? 엘프족이 가장 즐겨 쓰는 인사말이니….

그것도 *일리가 있지만 짐의 생각엔 '위대한 정신의 축복'이라는 기도문 구절이 아닐지….

정답은 뻔한 거 아냐? '숨소리'!

오버하긴~. 엘프족은 숨 안 쉬어? 가장 많이 내는 소리가 숨소리지 뭐야?

왠지 이번에도 정답일 듯….

그대까지 흔들리는가? 이번엔 아니라니까! 어디 볼래?

숨소리!

162 ★

 일리 : 옳다고 여길 만한 이치.

독자들 의견이 저는 주카랑 어울린대요.   일리가 있어.

하지만 또 어떤 독자들은 카이린과 어울린다고….   역시 일리가 있어.

촤아아아아

구 구 구 쿠쿠

폐하…!!

진~짜
창피하겠다….

왜들 그래? 봉인되기 전의
메르세데스는 우리랑 똑같이
장난을 좋아하는 십대 소녀였을
거야. 쓸데없이 무게 잡고
심각해야 위대한 황제냐고!

아마도 메르세데스는 유머 감각이 있는 멋진 황제였던 것 같아.

그러니까 빨리 황궁 금고에 갈 방법이나 찾아!!

네가 말 안 해도 그러려고 했거든!!

폐하, 얼굴이 빨간데 괜찮으십니까?

어흠! 화가 나서 그런 것이니라!

어머…, 쟤들 싸우다 정 드는 거 아냐?

너랑 상관없잖아!

그런데… 너무 조용하네요?

말하지 않았느냐, 백성들이 모두 봉인되었다고…

폐하! 저기 봉인된 백성들이 보이옵니다!

까짝

맙소사!
짐의 백성들이….

페하….

누군가 봉인을
뚫고 침입한
것이 분명하다.
대체 누가…?

지금 울 때야?!
주문을 그렇게 쉽게
만들었으니 그렇잖아!
너 말고 주문을
알 만한 사람이
또 누구야?

좀 전까진
유머 감각
있는 멋진
황제라더니….

짐 이외엔 없다. 오직 짐 홀로
〈위대한 정신〉께 기도하며
만든 주문이거늘….

여황 메르세데스여,
돌아왔느냐?

〈위대한 정신〉
이시여-!

〈위대한 정신〉이
뭐야?

엘프족이
섬기는
신인가 봐.
오빠도 빨리
엎드려!

코메짱 〈코믹 메이플스토리〉가 나오면 꼭 산답니다.
〈코메〉 파이팅! 100권까지 go~ go! (이주연 | 경기도 광명시 하안동)

 *169

*변 : 갑자기 생긴 재앙이나 괴이한 일.

〈위대한 정신〉께서
친히 내려오시다니⋯.

〈위대한 정신〉이시여,
제 백성들이 *변을
당했사옵니다⋯.

네가 검은 마법사를 공격하러 가기 전날, 내가 *경고하지 않았더냐! 무서운 재앙이 있으리라고!! 결코 남 앞에 나서지 않는 내가 친히 모습을 드러내 알려주었건만…!

네… 하오나 영웅들과의 약속이라….

결국 넌 나와 백성들보다 그들이 소중했던 게로구나!

아… 아니옵니다!

나의 경고는 어긋남이 없으니, 끝내 재앙이 네 백성들을 휩쓸었다. 엘프의 조상들께서 크게 분노하셨으니, 메르세데스, 네 죄를 알겠느냐?

네, 모든 것이 저의 죄입니다. 저를 벌하소서-.

경고 : 어떤 일을 조심하라고 미리 알려주는 것.
송맛사

마족들은 공격할 때 경고 따위 하지 않는다. 다짜고짜 기습을…
헉! 경고도 없이 공격을 하다니! 도도, 넌 예의도 없니?

*171

여황 메르세데스에게 〈영면〉의 벌을 내리노라!

〈영면〉이 뭐지?

영원한 잠이니라. 다시는 깨어나지 못할….

그럼 죽는 거나 마찬가지잖아요?

맙소사, 이 동네 *규율 장난이 아니네~.

*규율 : 질서를 잡으려고 정해 놓은 규칙이나 법.

그럼 해독제는 어쩌라고…?!

분부 받들어 수면침을 심장에 찌르겠사옵니다.

172

안 돼-!!

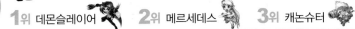

힘들어 죽겠네….
며칠 동안 쉬지 않고
걸은 것 같아.

네가 그렇게
느낄 뿐이지,
여긴 차원의
틈이라 시간이
흐르지 않아.

한마디로 이곳은 마족에게
최적화된 환경이라고나
할까? 아, 기운이 펄펄
넘치는구나~!

넌 안 힘드냐?

물론이지. 차원의
틈은 마족 아카이럼이
설계한 공간이니까.

쳇…!

근데 여긴 항상 밤이냐?

낮도 있어. 컴컴하긴 하지만.

그럼 밤낮을 구분하는 기준이 뭐야?

달 뜨면 밤이지.

그럼 지금은 밤이네….

웬 나무지…?

잘됐군. 잠시 나무그늘에서 쉬었다 가자.

그늘은 무슨~. 이파리도 하나 없는데….

그래도 휴식은 나무 아래가 최고라고!

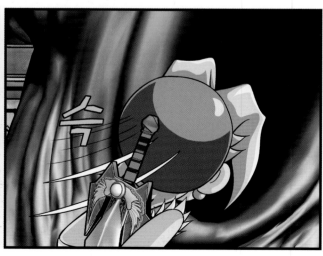

176 ★

네가 본 건 마족의 스킬인 소울 트랩, 즉, '영혼의 덫'이라는 거다. 자신의 내면에 숨겨진 사악한 기운을 숨김없이 보여 주는 장치라고나 할까….

왠지 기분 나빠. 빨리 가자!

잠깐, 나도 좀 보고.

안 돼! 그냥 가자니까!

내가 너냐? 난 마족이야. *빤히 아는 덫에 걸려들 것 같냐고!

아카이럼 녀석, 가소롭군. 이런 유치한 수법으로 데몬슬레이어 님을 엮으려 들다니….

뭐가 보여?

빤히 : 일이 어떻게 될지 분명히.

송맛사 간밤에 꿈을 꿨는데 앞으로 〈코메〉 스토리가 어떻게 될지 **빤히** 보이더라고요. 헉, 어떻게 되는데? 당연히 까먹었죠.

검은 마법사를 따라다니던
내 옛모습이군….
지금 생각하면 나도 나쁜
짓을 참 많이 했어.

그만 보고 가자,
빨리!

알았어.
보채긴….

괜찮냐?

괜찮지, 그럼.

어서 여길
벗어나자!

도도….

응?

아무래도 내가
착각했던 것 같다.

착각이라고…?

기분이 우울해지면 아들 방에 들어가 〈코믹 메이플스토리〉를 보곤 해요.
우리 어릴 때도 이렇게 재미있는 책이 있었음 얼마나 좋았을까라는 생각을 했답니다.
(정석 어린이 어머니 | 서울시 동작구 상도동)

검은 마법사와 인연을 끊고,
봉인의 세월을 겪으며
완전히 없애버린 줄 알았던
내 영혼 속 마성이…

다시 살아났다!

너… 왜 이래?
저, 정신 차려!

미안하지만 네 생명력을
내가 가져가야겠다.

누구 맘대로?

뭐야…,
왜 몸에 힘이
안 들어가지?!

말했잖아. 여긴 마족을
위해 최적화된 공간이라고.
따라서 내가 돕지 않는 한,
너는 힘을 못 써!

옛모습을 찾은 걸
환영하네, 내 친구
데몬슬레이어!

엄청난 드래곤이네! 누굴까?

저 부러진 뿔을 보면 〈아프리엔〉이야!

아득한 옛날, 영웅연합의 일원으로 참가하여 검은 마법사와 싸웠다는 바로 그 전설의 신룡!

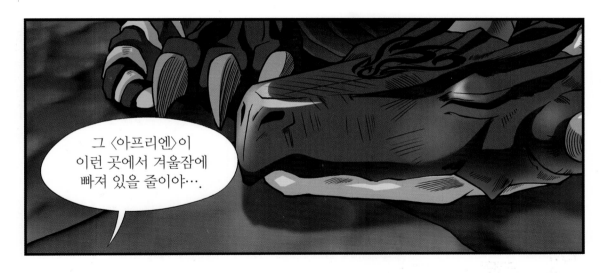

그 〈아프리엔〉이 이런 곳에서 겨울잠에 빠져 있을 줄이야….

그만 가자!

안절 부절

운명이 부른다고 할 땐 언제고….

무서워!

그건 나도 그래.

덜덜

휙

딱 딱

깜짝

번쩍

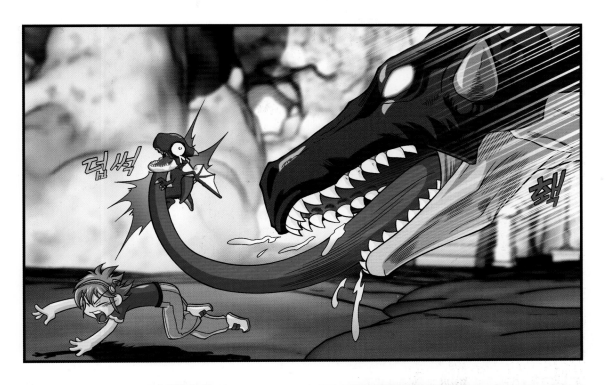

숙희야—!!

49권
편집후기

독자 여러분, 2011년에도 큰 사랑을 주셔서 감사드립니다. 2012년에도 유익하고 재미있는
〈코믹 메이플스토리〉로 독자님들의 큰 사랑에 보답하겠습니다. 새해 복 많~이 받으시고
행복 가~득하세요! -편집부 일동-

*185

좋아, 1단계는
여기까지~.

이제부터 2단계로
들어가 보실까?

전투노예,
당장 들어와!

너는 임무를 *완수하지 못했다!
슈미를 납치하기는커녕
그 일당을 돕는 크나큰 죄를
저질렀어!

하지만 내가
시키는 대로 하면
네 죄를 용서해 주고,
언데드 저주도
풀어주겠다!

너의 새로운 임무는
저기 세계수의 딸을
괴롭히는 것이다!!

완수하다 : 맡은 일이나 뜻한 일을 다 해내거나 이루다.

송맛사

해적들은 항상 자신이 맡은 임무를 **완수**해. 그럼 실패하는 사람이 하나도 없단 말이야?

간혹 있는데, 바다에 집어던지니까 결국 하나도 없어.

187

옛친구에게 괴롭힘을
당하는 기분은 어떨까?
과연 이번에도 버틸 수
있을까?

시작해라, 전투노예!!
너의 자유를 위해서!!

아루루, 슈미는 네 친구야!   코믹 메이플스토리 ㊿권을 기대해 주세요!

코믹 메이플스토리 만화가 서정은의 화실이야기
왁자지껄

청개구리의 만화강의 I

안녕하세요~. 저는 〈코믹 메이플스토리〉의 그림 작가 서정은이에요. 아이디는 개구리고요.

강의에 앞서 여러분들을 위해 그림을 그려 드릴게요. 누구를 그릴까요? 큰 소리로 말해 보세요!

ㅂㅏ루루쑈!

제가 좋아하는 슈미를 그려 드릴게요.

아루루라고 큰 소리로 말했는데…

슈미가 그리고 싶으셨나 봐.

청개구리의 만화강의 II

강의는 이것으로 마치고… 여러분들을 위해 그림을 그려 드릴게요. 누구를 그릴까요?

혼테일이나 핑크빈 빼고 주인공이면 다 좋아요!!

혼테일을 그려 드릴게요. 여러분도 혼테일이 보고 싶죠?

네….

혼테일은 빼고였는데….

혼테일을 그리고 싶으셨나 봐….

*행복한 만화강의가 되도록 준비해 주신 서울초당초등학교 교장선생님과 도서관 사서선생님, 그리고 모든 학생분들께 감사드립니다.

코메 소식통

〈코메소식통〉은 〈코믹 메이플스토리〉를 사랑하는
이들이 함께 만들어 가는 공간입니다. 애독자엽서와 〈서울문화사 아동기획팀〉 카페
〈http://cafe.naver.com/ismgadong〉를 통해 많이 많이 참여해 주세요~!!

1 코메가 간식 쏜다!

간식을 받고 싶은 사연을 엽서에 적어 보내 주시면
즐거운 자리에 코메가 간식을 보내 드립니다. 반 친구들과 함께
기쁨을 나누고 싶다면 학교로, 가족과 함께 즐기고 싶다면 집으로
간식을 보내 드려요. 또한 간식을 받은 후 기념 촬영한 사진을
편집부로 보내 주시면 문화상품권(2만원)을 추가로 보내 드립니다.

★ 응모방법 : 애독자엽서
★ 응모기간 : 2011년 12월 20일 ~ 2012년 1월 20일
★ 발표 : 2012년 2월 1일 개별 통보 후 〈서울문화사 아동기획팀〉 카페 공지
★ 선물 : 10만원 상당의 간식(1명)
★ 배송일 : 2012년 2월 10일까지

다현이가 가족과 친구들과 함께하고 싶어해서
모두 함께 맛있게 먹었습니다~.
너무나 행복하고 뿌듯한 시간이었습니다.
이다현 어린이 어머니(서울시 강북구 수유1동)

2 코메 보고 상상하자!

여러분의 상상력을 펼쳐 오른쪽 말칸에 대사를 넣어 보세요.

★ 응모방법 : 〈서울문화사 아동기획팀〉 카페(http://cafe.naver.com/ismgadong)
★ 응모기간 : 2011년 12월 20일 ~ 2012년 1월 20일
★ 발표 : 2012년 2월 1일 〈서울문화사 아동기획팀〉 카페 공지 후 개별 통보
★ 선물 : 기발상 | 문화상품권 3만원(1명), 재치상 | 문화상품권 1만원(2명)
★ 배송일 : 2012년 2월 10일까지

비나이다~. 송도수, 서정은 작가님이
중국에서 황금룡상을 받으셨다니,
저도 황금룡 상을 받게 해주세요.
흑흑. 비나이다~.

상상하자 기발상 | 대성버거(dlgus0101)
http://cafe.naver.com/ismgadong/13536

집중! 숨찾사
숨겨진 그림을 찾는 사람은 집중력이 쑥!

서정은 작가님이 본문 그림 속에 〈수학도둑 25권〉 표지
두 개를 숨겨 놓았어요. 눈을 크~게 뜨고 책을 잘 살펴 보
세요~! 관찰력과 집중력이 쑥쑥 높아집니다.

• 숨찾사 발표는 〈코메 50권 (2012년 2월 20일 출간 예정)〉에서 합니다.

3 코메 따라잡기!

〈코믹 메이플스토리〉 주인공들의 의상이나 표정, 동작 등을 자유롭게 따라해 보고 사진을 찍어 설명과 함께 〈서울문화사 아동기획팀〉 카페에 올려 주세요. 5명을 선정하여 선물을 드립니다.

1등 | 내가짱이지(cmdycl3232)
http://cafe.naver.com/ismgadong/11978

★ 응모방법 : 〈서울문화사 아동기획팀〉 카페(http://cafe.naver.com/ismgadong)
★ 응모기간 : 2011년 12월 20일 ~ 2012년 1월 20일 ★ 배송일 : 2012년 2월 10일까지
★ 발표 : 2012년 2월 1일 〈서울문화사 아동기획팀〉 카페 공지 후 개별 통보
★ 선물 : 1등 | 문화상품권 5만원(1명), 2등 | 문화상품권 3만원(1명), 3등 | 문화상품권 1만원(3명)

4 코메한테 고민을 털어놔!

어린이 청소년 클리닉
〈행복한아이연구소〉
서천석 원장님께서 여러분의
고민을 해결해드립니다.

Q 48권 고민 사연 (이주연, 초등6)

저는 ADHD(주의력결핍 과잉행동장애)라서 평일에 집중약을 먹습니다. 약이 독해 건강에 해롭지만 학교에서 집중해야 하니까 안 먹을 수가 없어요. 그래서 주말에는 약을 안 먹는데 자꾸만 불안해집니다. 약을 안 먹고도 집중하는 방법과 불안을 없애는 방법이 없을까요?

A ADHD는 아이들에게는 흔히 볼 수 있는 병입니다. 아이들 14명 중 한 명이 ADHD를 갖고 있지요. 한 반에 보통 2~3명 정도가 있답니다. 그래서 세계보건기구에서도 초등학생의 정신건강 문제에서 ADHD가 가장 흔하고 가장 중요하게 다룰 병이라고 정의한 바가 있습니다. 주연 양이 잘 알다시피 ADHD가 있는 친구들은 다른 모든 부분이 이상이 없어요. 아주 정상적이죠. 오히려 뛰어난 친구도 많습니다. 다만 한 가지가 약한데 그게 바로 집중을 유지하는 능력입니다. 물론 좋아하는 일, 재미있는 일에는 잘 집중해요. 하지만 재미는 없더라도 꼭 해야 하는 일엔 집중을 잘 못 해요. 또 참아야 할 때 참는 것도 약합니다. 왜 그러냐고요? 두뇌의 앞부분에 주의력을 조절하는 센터가 있는데, 그 센터가 나이에 비해 충분히 발달하지 못해서 그렇습니다. 나이를 먹어 키가 크듯 조절 센터도 더 자라게 되면 이 어려움은 사라집니다. 그때까지는 외부의 도움이 필요하죠. 그것이 바로 약입니다. 꼭 이야기하고 싶은 것은 약이 독하거나 건강에 해롭지 않다는 점이에요. 이 약은 사용한 지 50년도 넘었고 수십만 명이 이미 사용한 결과 안전함이 확인되었습니다. 필요한 경우 꾸준히 먹어도 건강에는 이상이 없답니다. 따라서 주말에도 약을 거르지 말고 계속 먹는 것이 좋아요. 그래야 더 빨리 병이 낫게 됩니다. ADHD가 있다면 약을 안 먹고 집중하는 것은 생각보다 쉽지 않아요. 다만 재미있는 것일수록 더 잘 집중하므로 스스로 자기가 할 일의 중요성을 깊게 느끼는 것이 중요합니다. "이건 내게 꼭 필요하고, 나에게 도움이 된다. 나는 잘할 수 있고 이 일을 하게 되어 즐겁다." 이 말을 반복적으로 자신에게 자주 해주세요. 그리고 할 일을 작게 나눠서 한 가지를 완성해 내면 그 다음 한 가지를 하는 식으로 하면 좋습니다. 공부도 너무 길고, 너무 많다고 생각하면 집중 유지가 더 안 되니, 자신이 할 수 있을 만큼의 양을 정해서 실행해 보세요. 스스로 계획한 것을 잘 해내면 박수를 쳐주고, 못 해내면 성공 가능성을 높여 계획을 다시 짜보세요.

★ 응모방법 : 애독자엽서 ★ 응모기간 : 수시 접수 ★ 발표 : 〈코믹 메이플스토리 50권〉
(2012년 2월 20일 출간 예정) ★ 선물 : 서정은 & 송도수 작가님이 직접 사인한
〈스터디플래너〉(1명) ★ 배송일 : 2012년 2월 10일까지

자신감을 가지고, 문제 극~복!!

 서천석 원장님께서는 서울대학교 의과대학 및 대학원을 졸업하시고, 서울대학교병원 신경정신과 전문의 과정을 수료하신 후 현재 〈서울신경정신과〉에 계십니다.

〈코믹 메이플스토리〉보고~ 마음*튼튼!!
〈홍이장군 멀티비타민〉먹고~ 몸*튼튼!!

크리스마스 & 새해맞이 축하 이벤트

몸 튼튼~! 마음 튼튼~!!

우리 아이를 위해 12가지 천연원료로 만든
홍이장군 멀티비타민미네랄

© 2003 NEXON Korea

200분께 드려요!

즐거운 크리스마스와 희망찬 2012년 새해를 축하하며
(주)한국인삼공사에서 새롭게 출시한 어린이종합영양제
〈홍이장군 멀티비타민미네랄〉200세트를 애독자 선물로
특별히 준비했습니다. 〈코메 49권〉애독자엽서
응모를 통해 행운의 주인공이 되셔요~!

* 응모 방법 : 〈코메 49권〉애독자엽서 응모권에 표시한 후 우체통에 넣어주세요!
* 응모 기간 : 2011년 12월 20일 ~ 2012년 1월 20일 (20일 날짜 도장까지 해당)
* 당첨 발표 : 2012년 1월 25일, 〈서울문화사 아동기획팀〉공식카페
* 선물 발송 : 2012년 1월 30일까지
  〈홍이장군 멀티비타민미네랄〉1세트(45,000원)를 보내 드립니다.
* 주의 사항 : 1) 애독자엽서 응모란에 꼭 O표로 표시해주세요.
  2) 선물을 받으실 주소와 전화번호, 이름을 정확하게 적어주세요.
  ★ 〈서울문화사 아동기획팀〉공식카페 : cafe.naver.com/ismgadong

홍이장군 멀티비타민 미네랄의 제품 특징

❶ 12가지 천연원료로 만든 비타민 11종, 미네랄 3종이 담겨 있고, 부원료로 야채 19종과 과일 6종 성분이 함유되어 있어
  어린이의 영양을 더욱 균형있게 맞춰주고 튼튼한 몸을 만들어줍니다.
❷ 제품에 4가지 동물모양이 새겨져있어 친근한 느낌을 주며, 어린이가 좋아하는 오렌지 맛으로 맛있게 씹어 먹을 수 있습니다.
❸ 하루에 섭취한 것을 당일에 바로 체크하는 스티커가 들어있어 빠뜨리지 않고 먹을 수 있습니다.
❹ 정관장 홍삼을 함께 섭취할 수 있습니다.
❺ 용량 : 120정(1개월분), 가격 : 45,000원

서울문화사 이벤트관련 문의 : (02)799-9148 (주)한국인삼공사 제품관련 문의 : 080-041-0303(수신자부담) | www.kgc.or.kr